MP
VEREINSSERVICE

ERFOLGREICHE
VEREINSFÜHRUNG

Der Leitfaden für
Funktionäre eines Sportvereins

© / Copyright: 2020

Autor:
Dirk Stöber
(Sportfachwirt IHK, DFB Vereinsmanager B)

Herausgeber:
MP Vereinsservice- Manuela Panzla.
Tersteegenstr. 64
42857 Remscheid

Herstellung und Verlag:

BoD - Books on Demand, Norderstedt

ISBN: 978-3-751-930-994

INHALTSVERZEICHNIS

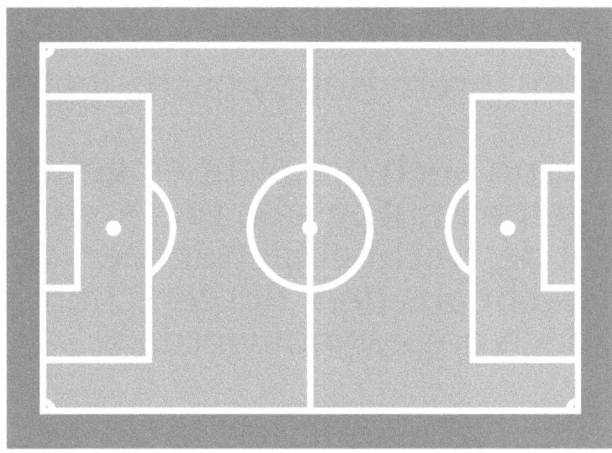

VORWORT

Was ist ein Verein ?

Eine freiwillige und auf Dauer angelegte Vereinigung von Personen mit gemeinsamen Interessen zur Verfolgung eines bestimmten Zwecks.

Hierbei wird unterschieden zwischen einem rechtsfähigen und einem nicht rechtsfähigen Verein.

Ein eingetragener Verein (Eintragung in das Vereinsregister) ist rechtsfähig, sprich er kann klagen (bzw. verklagt werden), hat Rechte & Pflichten und ist zudem steuerpflichtig.

Bei nicht eingetragenen Vereinen handelt es sich in der Regel um kleine "Theken"-Mannschaften, welche sich nur gelegentlich treffen um Ihrem Hobby nachzugehen.

Jedoch kann auch der nicht eingetragene Verein gemeinnützig sein und somit kann auch auf den nicht eingetragenen Verein das Vereinsrecht aus dem Bürgerlichen Gesetzbuch angewandt werden.

Sobald ein nicht eingetragener Verein die Gemeinnützigkeit erlangt ist zwingend (wie beim eingetragenen Verein) eine schriftliche Satzung erforderlich.

Deutschlands größter Verein ist der ADAC mit rund 16 Millionen Mitgliedern.

Sportvereine verfolgen das Ziel bzw. den Zweck am Sport begeisterten Menschen Zugang zu Sportflächen und Sportgeräten zu ermöglichen.

Hierbei unterscheidet man zwischen einem Einsparten- und einem Mehrspartenverein.

Der Einspartenverein bietet nur eine Sportart an. Der Klassiker ist hier wohl der reine Fußball-Club.

Ein Mehrspartenverein bietet seinen Mitgliedern hingegen mehrere Sportarten an: Beispielsweise: Fußball, Handball, Basketball, Volleyball, Turnen usw.

Sportvereine sind in der Regel entsprechend den angebotenen Sportarten in Verbänden organisiert um an Wettbewerben und am Ligabetrieb teilnehmen zu dürfen.

Aktuell gibt es in Deutschland immer noch mehr als 88.000 Sportvereine.

Der "Höchstwert" stammt aus dem Jahr 2011 Seinerzeit gab es in Deutschland 91.250 Sportvereine.

Spitzenreiter ist das Bundesland "NRW" mit mehr als 18.000 Sportvereinen, sprich 20% aller Sportvereine kommen aus Nordrhein-Westfalen.

Größter Sportverband ist der DFB (Deutscher-Fußball-Bund) mit rund 7,1 Millionen Mitgliedern in 25.000 Vereinen.

KAPITEL 1

Wie gründe ich einen Sportverein ?

Als erstes werden weitere Mitstreiter benötigt, da man einen Verein nicht alleine gründen kann.

Zur Gründung sind mindestens 3 Personen erforderlich, zur Eintragung sogar 7 Personen.

Wichtig: Ist der Verein einmal eingetragen darf die Mitgliederzahl nicht unter 3 Personen sinken.

Haben sich entsprechend viele gleichgesinnte Gefunden bedarf es einer Gründungsversammlung bei der eine Satzung erarbeitet und einige Beschlüsse gefasst werden müssen. Zudem ist ein Gründungsversammlungsprotokoll anzufertigen, welches von allen Personen unterschrieben werden muss.

Wichtig !!!

Das Gründungsversammlungsprotokoll sollte unbedingt folgende Punkte beinhalten:

- Ort + Zeit

- Anzahl der Personen, welche die Absicht haben einen Verein zu gründen

- Wahl eines Versammlungsleiters

- Wahl eines Schriftführers

- Ausarbeitung und Vorstellung der Satzung

Folgende Beschlüsse müssen gefasst werden:

- Vereinsname

- Vorstand (entsprechend der Satzung)

- Beiträge

- Verabschiedung der Vereinssatzung

- Beantragung der Gemeinnützigkeit

- Eintragung ins Vereinsregister

- Anschluss an den Landesverband

Der Vereinsname sollte sich unbedingt deutlich von anderen (bereits vorhandenen) unterscheiden, da es ansonsten Probleme geben könnte.
Bei Verstößen gegen das Namens- und Markenrecht drohen zudem erhebliche Schadenersatzforderungen.

Wenn Sie einen Verein gründen, so sind Sie verpflichtet, ihn beim Finanzamt anzumelden. Damit erhalten Sie dann auch eine Steuernummer. Die Gemeinnützigkeit ist dabei unerheblich.

Alle Infos rund um den Vorstand entnehmen Sie dem Kapitel 2

Alle Infos zum Thema Mitgliedsbeiträge finden Sie im Kapitel 4

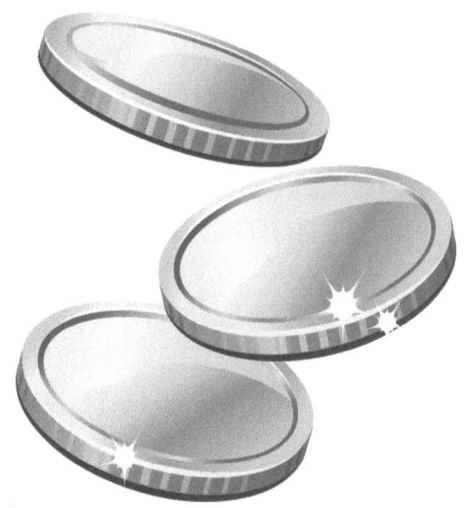

KAPITEL 2

Vorstand

Der Vereinsvorstand ist das leitende Organ eines Vereins. Er vertritt seinen Verein nach außen hin in gerichtlichen oder außergerichtlichen Angelegenheiten.

Außerdem übernimmt er die Führung innerhalb des Vereins und ist auch hier der Verantwortungsträger.

Der Vorstand muss von den Vereinsmitgliedern gewählt werden. (siehe Kapitel: Mitgliederversammlung)

Vorstand im Sinne von § 26 BGB ist der geschäftsführende Vorstand.

Der geschäftsführende Vorstand besteht in der Regel aus dem Vorsitzenden und bis zu fünf Stellvertretern, dem Schatzmeister und dem Schriftführer.

Die gesetzliche Vorgabe lautet jedoch lediglich, dass der Verein einen Vorstand haben und aus mindestens einer Person bestehen muss.

Die gewählte(n) Person(en) wird/werden nach der Wahl in das Vereinsregister eingetragen und dürfen zum Beispiel Verträge für den Verein abschließen.

Klassische, sinnvolle Zusammensetzung eines gut aufgestellten Vorstands:

1. Vorsitzender
2. Vorsitzender
Kassenwart*
Schriftführer
bis zu 5 Beisitzer
(z.B. die jeweiligen Abteilungsleiter)

*Der Schatzmeister im Verein hat eine zentrale Rolle im Vereinsvorstand. Oft wird er auch Kassenwart, Kassierer, Finanzverwalter oder auch Kassenführer genannt. Seine Aufgaben beziehen sich größtenteils auf die Verwaltung der Vereinsfinanzen.

Der Vorstand ist Organ des Vereins und repräsentiert ihn.

Sowohl der ehrenamtlich als auch der hauptamtlich, gegen Entgelt tätige Vereinsvorstand haften persönlich gegenüber dem Verein oder Dritten für Schäden, die durch eine fahrlässig begangene Pflichtverletzung bei der Ausübung ihrer Vorstandstätigkeit entsteht.

Die Entlastung der Vorstandschaft:
(siehe auch Kapitel: Mitgliederversammlung)

Ein Kassenprüfer berichtet der Versammlung, dass es keine Beanstandungen zur Kassenführung gab.

Der Kassenprüfer beantragt dann die Entlastung des Kassiers und der Vorstandschaft, die per Abstimmung erfolgt.

KAPITEL 3

Mitgliederversammlung

Eine solche Versammlung ist für Vereine gesetzlich vorgeschrieben. (§ 32 BGB)

Die Mitgliederversammlung ist das höchste Organ eines Vereins.

Sie dient dazu, Wahlen durchzuführen, rechtliche Probleme zu lösen und weitere Angelegenheiten des Vereins zu regeln.

„Die Mitgliederversammlung ist in den durch die Satzung bestimmten Fällen sowie dann zu berufen, wenn das Interesse des Vereins es erfordert." (§ 36 BGB)

Die Mitgliederversammlung ist also immer einzuberufen, wenn die Satzung es vorsieht oder der Vorstand dies im Interesse des gesamten Vereins für sinnvoll erachtet.

Auch wenn mindestens 10 Prozent der Mitglieder dies fordern, muss sie gemäß Minderheitenrecht einberufen werden.

Der Mindestteil der Mitglieder kann in der Satzung auf einen anderen Wert als 10 Prozent geändert werden. (§ 37 BGB)

Alle Mitglieder sind zur Teilnahme an der Mitgliederversammlung berechtigt, auch wenn sie nicht zur Stimmabgabe berechtigt sind.

Jedes Mitglied, Ehrenmitglied und Fördermitglied muss deshalb eingeladen werden.

Die Einladung muss rechtzeitig gestellt werden, damit auch entfernte Mitglieder die Zeit haben, zu kommen.

Die Einladung muss zwingend enthalten:

Ort
Zeit
Tagesordnungspunkte

Typischer Ablauf:

Eröffnung der Mitgliederversammlung

Feststellen der Beschlussfähigkeit der Mitgliederversammlung

Bekanntgeben der Tagesordnungspunkte
Berichte des Vorstands

Berichte der Kassenprüfung

Aufrufen der Tagesordnungspunkte

Beispiel !

Die Mitgliederversammlung führt der Versammlungsleiter, der in der Satzung festgelegt ist.

Ist niemand festgelegt, führt die Versammlung der Vorstand. (in der Regel der 1.Vorsitzende)

Bei Mitgliederversammlungen werden Abstimmungen grundsätzlich nach dem Prinzip der relativen Mehrheit entschieden. (§ 32 BGB Absatz 1)

Jedes Vereinsmitglied hat nur eine Stimme.

Ein Beschluss ist nur gültig, wenn die erforderliche Mitgliedszahl erreicht ist. (siehe Satzung)

Auch Satzungsänderungen werden in der Mitgliederversammlung beschlossen.

Für eine Satzungsänderung ist eine 3/4-Mehrheit (qualifizierte Mehrheit) vonnöten.
(§ 33 BGB)

Erst wenn die Satzungsänderung im Vereinsregister eingetragen wurde ist sie wirksam.
(§ 71 BGB)

(Weitere) Beispiele für die Aufgaben der Mitgliederversammlung:

-Entlastung des Vorstands und Kassenprüfers

-Wahl des neuen Vorstands und der Beisitzer

-Satzungsänderungen

-Entscheidungen über Verschmelzungen oder die Auflösung des Vereins

-Beitragshöhe
(siehe auch Kapitel Mitgliedsbeiträge)

-Entscheidungen über den Haushaltsplan

WICHTIG !!!

Die Beschlüsse der Mitgliederversammlung sind mit einem Protokoll zu beurkunden.

Protokoll einer Mitgliederversammlung

Datum und Uhrzeit

Ort

Anzahl der anwesenden Mitglieder

Name des Versammlungsleiters und Schriftführers

Feststellung, dass die Mitgliederversammlung gemäß der Satzung einberufen wurde

Feststellung der Beschlussfähigkeit der Versammlung

Die Beschlüsse in genauem Wortlaut. Das ist vor allem bei Beschlüssen zur Satzungsänderung wichtig

Auflistung der Tagesordnungspunkte

Ergebnisse zu Anträgen

Das genaue Ergebnis der Abstimmung(en)

Bei gewählten Personen mit Name, Geburtsdatum, Anschrift und deren Wahlannahme anzugeben.

Wie wurde abgestimmt, per Handzeichen, schriftlich, geheim oder mündlich?

Unterschrift des Protokollführers
Unterschrift des Versammlungsleiters

Sonstige wichtige Bestandteile der Mitgliederversammlung

Wann wurde die Versammlung geschlossen?

Kapitel 4
Mitglieder / Mitgliedsbeiträge

Die Aufnahme in einen Verein ist in der Regel in der Satzung geregelt. Hier kann der Verein auch "Beschränkungen" zur Aufnahme von Mitgliedern festlegen.

Um dem Verein beizutreten füllt das potentielle Mitglied einen entsprechenden Antrag aus.

Das neue Mitglied hat durch den Beitritt zum Verein einige Pflichten, aber auch Rechte.

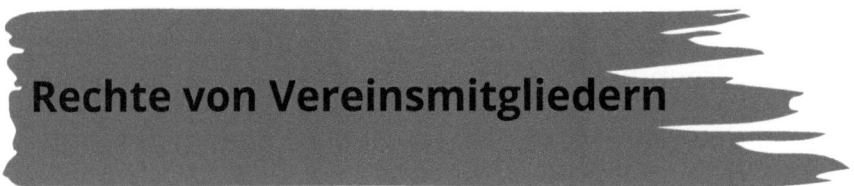

Rechte von Vereinsmitgliedern

Jedes Mitglied darf an der Mitgliederversammlung teilnehmen.

Jedes Mitglied hat das Recht, in der Mitgliederversammlung abzustimmen.

Im Normalfall darf jedes Mitglied alle Vereinseinrichtungen nutzen.

Jedes Vereinsmitglied kann bestimmen, was mit seinen Daten gemacht werden darf.

Den Vereinsmitgliedern steht es zu, vom Vorstand Auskunft über alle wesentlichen tatsächlichen und rechtlichen Verhältnisse des Vereins (§§ 27 Abs. 3, 666 BGB) zu erhalten.

Erbitten mindestens zehn Prozent der Mitglieder schriftlich die Einberufung einer Mitgliederversammlung, ist diese einzuberufen (BGB §37 Absatz 1). Dazu zählen auch Mitglieder ohne Stimmrecht.

Pflichten von Vereinsmitgliedern

Jedes Vereinsmitglied muss eine Gebühr für seine Mitgliedschaft leisten.

Außerdem müssen Mitglieder u.U. anteilig Umlagen zahlen.

Das Mitglied muss den Vereinszweck beachten, der in der Satzung festgelegt ist. Ein Verstoß kann sogar mit dem Ausschluss geahndet werden.

Jedes Mitglied unterliegt den Förderungspflichten:

Die Förderungspflichten stellen die Pflicht dar, am **Verein teilzunehmen**:

Beispiele:

-Bei Veranstaltungen zu helfen

-An regelmäßigen Treffen teilzunehmen

-Andere Vereinsmitglieder zu unterstützen

Die Satzung kann zudem festlegen, dass Vereinsmitglieder eine bestimmte Stundenzahl pro Monat für den Verein verwenden müssen.

Austritt von Vereinsmitgliedern

Jedes Mitglied kann den Verein verlassen.

Bestimmungen zum Zeitpunkt der Kündigung werden in der Satzung festgelegt (BGB § 39) wobei mit dem Austritt aus dem Verein alle Mitgliedsrechte und -pflichten unwirksam werden.

MITGLIEDSBEITRÄGE

Festgelegt wird der Mitgliedsbeitrag in der Satzung und dient der Selbstfinanzierung des Vereins.

Der Mitgliedsbeitrag stellt neben sonstigen Zuwendungen wie etwa Spenden oder Subventionen in der Regel die Haupteinnahmequelle dar.

Von der Verpflichtung zur Zahlung eines Mitgliedsbeitrages kann das Mitglied nur unter besonderen Umständen befreit werden, die ebenfalls in den Satzungen zu regeln sind.

Dazu zählt etwa die Verleihung der Ehrenmitgliedschaft.

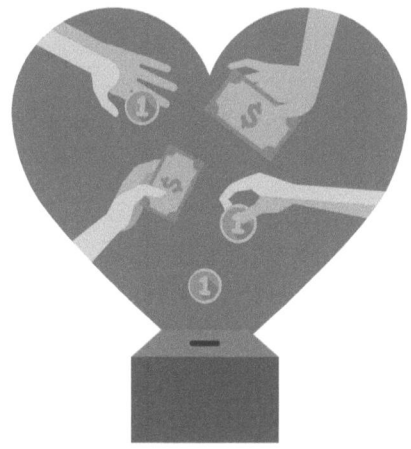

Wie hoch sollte mein Beitrag sein ?

Die Festlegung der Beitragshöhe ist ein sehr komplexes Thema. Hierbei spielen mehrere Faktoren eine wichtige Rolle.

Weiterhin kommt es auch auf das "Sportangebot" an.

Eine Tennis-Abteilung oder ein vereinseigenes Fitnessstudio haben in der Regel wesentlich höhere Beiträge als der "normale" Sportverein.

Bleiben wir mal beim "normalen Sportverein", beispielweise der 1.FC Musterhausen.

Umfeld-Analyse

Recherchieren Sie die Beiträge der umliegenden Vereine mit dem gleichen "Sportangebot":

Beispiel:

Verein A: 3 km entfernt
Verein B: 5 km entfernt
Verein C: 1 km entfernt

Verein A:
5,00 € pro Monat

Verein B:
7,00 € pro Monat

Verein C:
12,00 € pro Monat

Nun stellt sich die Frage:

Variante 1:

Ich unterbiete die "Wettbewerber"
Unser Beitrag = nur 4,00 € pro Monat
Wir sind der günstigste Verein in der Region

Variante 2:

Ich errechne einen Durchschnittswert:
5 + 7 + 12 = 24 / 3 = 8,00 € pro Monat
**Wir sind nicht der günstigste, aber auch
nicht der teuerste Anbieter in der Region**

Variante 3:

Ich lege Wert auf Top-Qualität
"Qualität hat seinen Preis"
Unser Beitrag = nur 15,00 € pro Monat
**Wir sind zwar der teuerste Verein in der
Region, aber auch mit Abstand der Beste**

Meine ganz persönliche
Empfehlung:

Variante 4:

Wir **orientieren** uns an Verein A, aber
gleichzeitig auch an der Höhe der Zuschüsse
für Bildung & Teilhabe.

Beispiel 2020: (Bildung & Teilhabe)
15,00 € pro Monat für Mitgliedsbeiträge +
entsprechende "Ausstattung" wie
Fußballschuhe, Kleidung etc.

Daraus "schnüren" wir ein Paket für unsere
potentiellen, neuen Mitglieder:

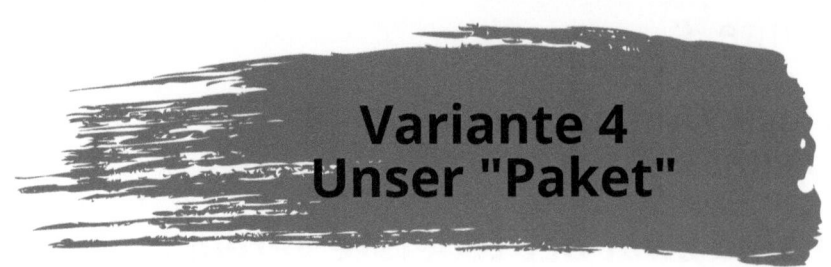

Variante 4
Unser "Paket"

TIPP

Mitgliedsbeitrag von Verein A:
5,00 € pro Monat
Entspricht: 60,00 pro Jahr

Mitgliedsbeitrag bei Orientierung an B&T:
15,00 € pro Monat
Entspricht: 180,00 pro Jahr

Differenz: 10,00 pro Monat
Entspricht: 120,00 pro Jahr

Für diese virtuellen 120,00 € bieten wir dem
neuen Mitglied entsprechende Ausstattung:

- Trikot, Hose, Stutzen
- Regenjacke, Sweat-Shirt, Polo-Shirt
- Fussballschuhe

aus der Vereinskollektion bzw. vom Ausrüster
des Vereins.

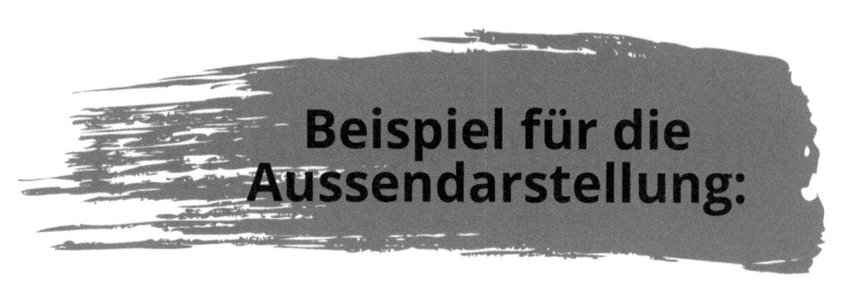

Beispiel für die Aussendarstellung:

Werde jetzt Mitglied beim 1.FC Musterhausen

Nur bei uns bekommst Du direkt nach der Anmeldung, sowie jeweils zu Beginn der neuen Saison:

- Fussballschuhe
- Trainingsanzug
- Trikot, Hose, Stutzen

usw.

WIN / WIN

- **Rundum sorglos Paket für das Mitglied**
- **Corporate Design der Vereinskollektion**
- **Entlastung für die Vereinskasse**
- **Top-Umsatz beim Ausrüster des Vereins**
- **Alleinstellungsmerkmal in der Region**

KAPITEL 5
Mitgliederverwaltung

Die Verwaltung der Mitglieder ist ein von den meisten Vereinen völlig unterschätztes Thema.

Es gibt irgendwo eine Excel-Tabelle, welche in den meisten Fällen aber nur 1-2 mal pro Jahr geöffnet wird. Und zwar immer dann wenn die Beiträge fällig werden.

1/2 jährlich oder jährlich werden dann entsprechend dieser Tabelle Rechnungen erstellt und verschickt. Meistens sogar noch klassisch per Post mit enormen Porto-Kosten.

Im Anschluss dann große Verwunderung, weil mindestens 10% der Briefe zurückkommen. Absender unbekannt ...

Weitere 10% antworten empört das sie sich bereits am xx.xx.xxxx abgemeldet haben.

Und dann ist da noch eine "Dunkelziffer", welche sich nicht meldet. Neue Mitglieder welche vergessen wurden und daher keine Rechnung bekommen haben.

Sie sehen: Die Mitgliederverwaltung ist in den meisten Vereinen das reine Chaos.

Lösung

Stellen Sie ein Team von 2-3 Personen zusammen und benutzen Sie eine moderne Software zur Verwaltung der Mitglieder.

Alternativ beauftragen Sie einen "Dienstleister" mit der Mitgliederverwaltung.

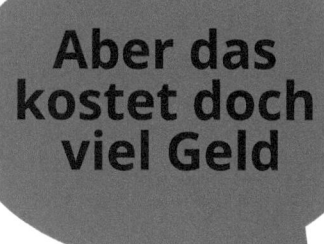

Aber das kostet doch viel Geld

Ja, völlig kostenlos ist es nicht.

Aber auf lange Sicht sparen sie sich eine Menge Ärger, unnötige doppelte Arbeit und unzufriedene Mitglieder.

Aber neben dem enormen Zeitaufwand der ehrenamtlichen Mitarbeiter nochmal zurück zu den Kosten:

Sie schicken 100 Mitgliedern die Rechnung per Post:

- 100 Briefumschläge
- 100 Briefmarken
- Druckerpapier, Tinte für den Drucker

Zusätzlich der ganze Zeitaufwand diese 100 Rechnungen zu erstellen und auszudrucken.

Selbst wenn Sie die Rechnungen per E-Mail verschicken bleibt immer noch der enorme Zeitaufwand der ehrenamtlichen Mitarbeiter.

Und auch wenn diese Aufgaben erledigt wurden haben Sie Ihren Mitgliedern noch keinen Newsletter geschickt, keine Einladung zum nächsten Event oder der bevorstehenden, wichtigen Sitzung im kommenden Monat.

Unser Angebot

Die MITGLIEDERVERWALTUNG von:

MP

VEREINSSERVICE

MANUELA PANZLAFF

Leistungen:

Aktuelle Mitgliederlisten unterteilt nach Sparten, Abteilungen

Auf Wunsch Verteilung von Newslettern an die Mitglieder

Erstellung & Versand von Beitragsrechnungen

Vereinskalender mit allen Terminen&Versand der Einladungen

Ausstellung von Spendenbescheinigungen

Erstellung von Mitgliedsausweisen, Tabellen & Statistiken

Weitere Leistungen individuell auf Ihren Verein angepasst

Preise:

Einmalige Einrichtung: kostenlos

nur 9,90 € / mtl. bis 100 Mitglieder

nur 19,90 € / mtl. bis 250 Mitglieder

nur 29,90 € / mtl. bis 500 Mitglieder

nur 39,90 € / mtl. bis 1.000 Mitglieder

nur 49,90 € / mtl. über 1.000 Mitglieder

Schicken Sie uns eine E-Mail:

**info@erfolgreiche-
vereinsfuehrung.de**

Wir setzen uns umgehend mit Ihnen in Verbindung und leiten alles weitere gemeinsam in die Wege ...

KAPITEL 6
Trainer / Übungsleiter

Für die Außendarstellung, aber auch zum Wohl der Mitglieder sollten die Trainer möglichst eine entsprechende Ausbildung mitbringen oder aber kurzfristig erwerben.

Die Trainerlizenz - oder auch der Trainerschein - weist die Qualifikation eines Trainers nach. Sie sagt aus, dass die betreffende Person ein bestimmtes Maß an Erfahrung, Ausbildung und Können aufweist und somit besonders geeignet ist, dieses an andere weiterzugeben. Die steigende Qualifikation wird durch aufeinander aufbauende Lizenzstufen nachgewiesen.

Lizenzsystem des Deutschen Olympischen Sportbundes

	ÜBUNGSLEITER/IN - Breitensport -	TRAINER/IN - Breitensport - Spezifisch für Sportart	TRAINER/IN - Leistungssport - Spezifisch für Sportart	JUGENDLEITER/IN	VEREINS-MANAGER/IN	DOSB-SPORT-PHYSIOTHERAPIE
4. Lizenzstufe 🏆			DIPLOMTRAINER/IN Leistungssport (spezifische Sportart) (hier gelten spezielle Vorgaben)			DOSB-SPORTPHYSIOTHERAPIE
3. Lizenzstufe 90 Lerneinheiten		Trainer/in A Breitensport (spezifische Sportart)	Trainer/in A Leistungssport (spezifische Sportart)			
2. Lizenzstufe 60 Lerneinheiten	Übungsleiter B sportübergreifeder Breitensport ___ Prävention ___ Rehabilitation	Trainer/in B Breitensport (spezifische Sportart)	Trainer/in B Leistungssport (spezifische Sportart)		Vereinsmanager/ in B	
1. Lizenzstufe 120 Lerneinheiten	Übungsleiter/in C sportartübergreifender Breitensport	Trainer/in C Breitensport (spezifische Sportart)	Trainer/in C Leistungssport (spezifische Sportart)	Jugendleiter/in	Vereinsmanager/ in C	
	FÜR VORSTUFE MINDESTENS 30 LE BASISQUALIFIZIERUNG					
Vorstufe	z.B. Übungsleiter-Assistent/in Gruppenhelfer/in	z.B. Trainerassistent/in Breitensport / Leistungssport Gruppenhelfer/in		z.B. Jugendleiterassistent/in Gruppenhelfer/in		

trainersuchportal

Quelle: DOSB, Angaben ohne Gewähr. Eine LE = Lerneinheit umfasst 45 Minuten

Lizenzen des DOSB werden von vielen öffentlichen Stellen anerkannt und berechtigen Vereine unter Umständen auch zum Bezug von **Zuschüssen aus öffentlichen Mitteln!**

Die Trainerlizenz ist der Qualifikationsnachweis für Lehrende im Sport.

Sportverbände & Landesverbände

Der DOSB ist der Dachverband aller möglichen Sportverbände und deren Landesverbände.

Beispiel:

Größter Sportverband ist der DFB (Deutscher-Fußball-Bund)

Aufgeteilt ist der DFB in fünf Regionalverbände Nord, West, Süd, Südwest und Nordost.

Die Regionalverbände setzen sich aus 21 **Landesverbänden** zusammen, die ihrerseits in Bezirke beziehungsweise Kreise gegliedert sind, denen wiederum die Vereine mit ihren Mitgliedern angeschlossen sind.

Diese 21 Landesverbände bieten in Ihren entsprechenden **"Sportschulen"** diverse Lehrgänge zur Qualifizierung einer Lizenz an.

Ähnlich ist es bei anderen Sportarten, Sportverbänden.

Lizenzsystem DFB

Nach den Vorgaben des DOSB und in Anlehnung an das Lizenzsystem des DOSB hat der DFB folgendes Ausbildungssystem für seine Sportart / seine Trainer entworfen:

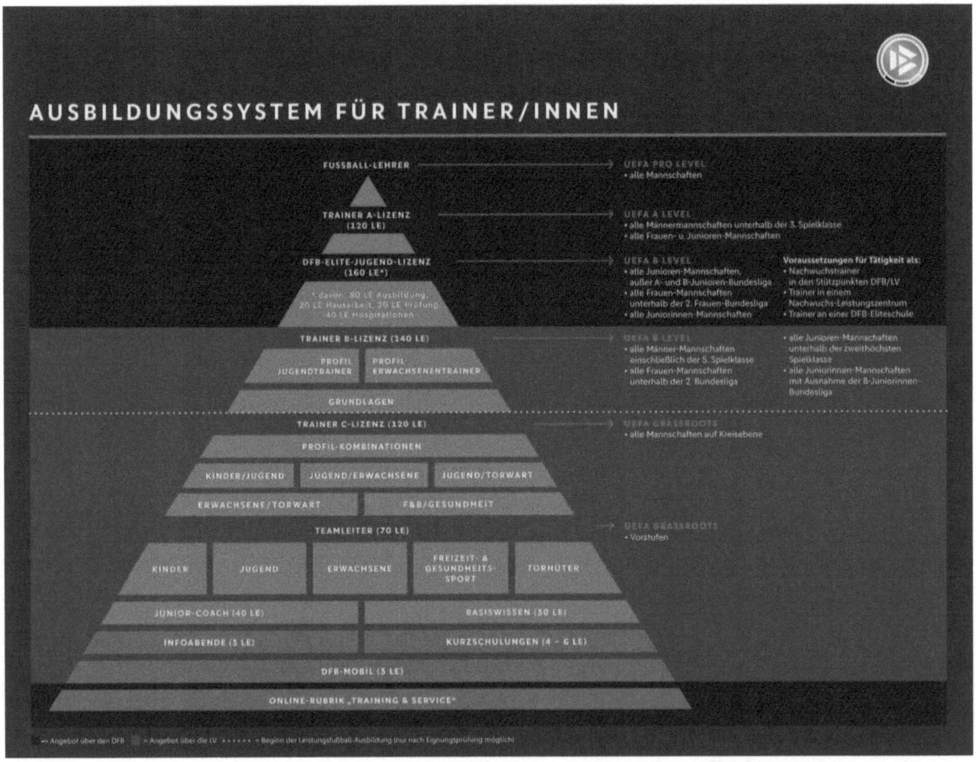

AUSBILDUNGSSYSTEM FÜR TRAINER/INNEN

Ebene	Level / Voraussetzungen
FUSSBALL-LEHRER	UEFA PRO LEVEL · alle Mannschaften
TRAINER A-LIZENZ (120 LE)	UEFA A LEVEL · alle Männermannschaften unterhalb der 3. Spielklasse · alle Frauen- u. Junioren-Mannschaften
DFB-ELITE-JUGEND-LIZENZ (160 LE*) *davon: 80 LE Ausbildung, 20 LE Hausarbeit, 20 LE Prüfung, 40 LE Hospitationen	UEFA B LEVEL · alle Junioren-Mannschaften, außer A- und B-Junioren-Bundesliga · alle Frauen-Mannschaften unterhalb der 2. Frauen-Bundesliga · alle Juniorinnen-Mannschaften / Voraussetzungen für Tätigkeit als: · Nachwuchstrainer in den Stützpunkten DFB/LV · Trainer in einem Nachwuchs-Leistungszentrum · Trainer an einer DFB-Eliteschule
TRAINER B-LIZENZ (140 LE) PROFIL JUGENDTRAINER / PROFIL ERWACHSENENTRAINER · GRUNDLAGEN	UEFA B LEVEL · alle Männer-Mannschaften einschließlich der 5. Spielklasse · alle Frauen-Mannschaften unterhalb der 2. Bundesliga / · alle Junioren-Mannschaften unterhalb der zweithöchsten Spielklasse · alle Juniorinnen-Mannschaften mit Ausnahme der B-Juniorinnen-Bundesliga
TRAINER C-LIZENZ (120 LE) PROFIL-KOMBINATIONEN KINDER/JUGEND · JUGEND/ERWACHSENE · JUGEND/TORWART ERWACHSENE/TORWART · F&B/GESUNDHEIT	UEFA GRASSROOTS · alle Mannschaften auf Kreisebene
TEAMLEITER (70 LE) KINDER · JUGEND · ERWACHSENE · FREIZEIT- & GESUNDHEITS-SPORT · TORHÜTER	UEFA GRASSROOTS · Vorstufen
JUNIOR-COACH (40 LE) / BASISWISSEN (30 LE)	
INFOABENDE (3 LE) / KURZSCHULUNGEN (4 - 6 LE)	
DFB-MOBIL (3 LE)	
ONLINE-RUBRIK „TRAINING & SERVICE"	

→ Angebot über den DFB ■ Angebot über die LV ××××× Beginn der Leistungsfußball-Ausbildung (nur nach Eignungsprüfung möglich)

Quelle: DFB.de

Die Realität - Der "Klassiker"

Leider sieht es in den meisten der rund 88.000 Sportvereine jedoch ganz anders aus.

Der Papa vom Max hat früher selber mal gespielt. Den fragen wir.

Klar ist es super wenn der Papa von Max sich zur Verfügung stellt und seine Freizeit für die Mitglieder "opfert".

Aber gerade im Kinder- und Jugendbereich ist das auch oft mit großen Risiken verbunden.

Es wird in 99% aller Fälle das weitergegeben was einem selber noch in Erinnerung geblieben ist.

Das hat aber meistens rein gar nichts mit kindgerechtem bzw. altersgerechten Training zu tun ...

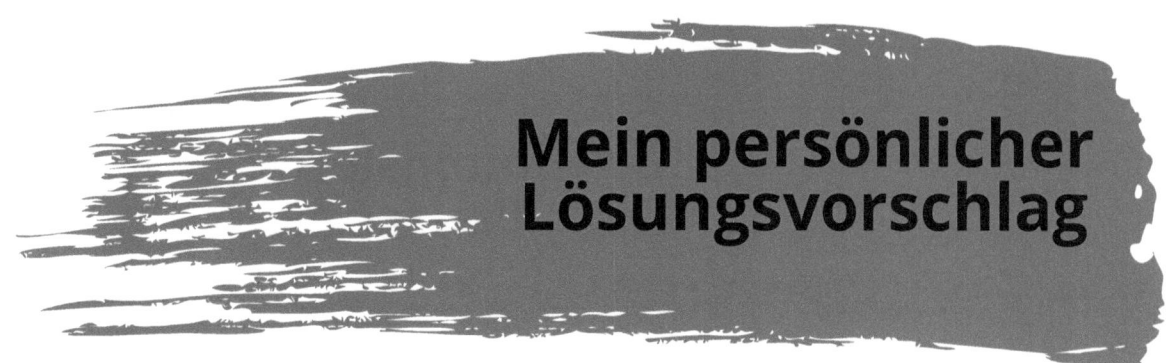

Mein persönlicher Lösungsvorschlag

- möglichst viele Trainer ausbilden

- Kosten für die Ausbildung als Verein übernehmen

- im Kinder- und Jugendbereich gibt es vom LSB bezahlten Sonderurlaub für die Zeit der Ausbildung

- Trainer per Übungsleitervertrag an den Verein binden

- Beim zuständigen Landessportbund rechtzeitig entsprechende Förderungen für lizensierte Trainer beantragen

- Förderungen als "Übungsleiterpauschale" oder "Ehrenamtspauschale" an die Trainer weitergeben

Übungsleiter-Pauschale

Übungsleiter sind für Ihr Vereinsengagement bis zu einer gewissen Vergütungsgrenze steuer- und sozialversicherungsbefreit.

Der ehrenamtliche Trainer muss demzufolge für seine Tätigkeit keine Einkommenssteuer zahlen und auch der Verein hat keine Sozialversicherungsabgaben zu entrichten.

Die Vergütungsgrenze wird Übungsleiterpauschale genannt und wurde vom Gesetzgeber bei 2.400 Euro pro Jahr festgesetzt.

Demnach können Sie Ihrem Trainer als Freibetrag **monatlich bis zu 200,00 €** zahlen (bei 12 Monaten.)

Sollte der Übungsleiter aufgrund der Sommerpause nur für 10 Monate Geld bekommen sind es **bis zu 240,00 € monatlich**.

Die Erhöhung der Übungsleiterpauschale auf 3.000 Euro pro Jahr ist im Koalitionsvertrag vorgesehen und wird wohl bald kommen.

Ehrenamts-Pauschale

Die Übungsleiterpauschale in Höhe von 2.400 Euro kann aber auch mit einer anderen Pauschale, wie der Ehrenamtspauschale, kombiniert werden.

Diese beträgt 720 Euro pro Jahr.
(**= 60,00 € pro Monat**)

Beide Pauschalen können zeitgleich in Anspruch genommen werden.

Ähnlich wie bei der Übungsleiterpauschale möchte der Bundesrat auch gerne die Ehrenamtspauschale um 120,00 € auf dann 840,00 € pro Jahr erhöhen. Auch diese Erhöhung ist bereits im Koaltionsvertrag verankert und wird bald kommen.

Die "Ehrenamtspauschale" kann auch für ehrenamtlich tätige Vorstandsmitglieder gezahlt werden als kleine Aufwandsentschädigung.
(siehe Kapitel: Vorstand)

Was zahle ich meinem Trainer ?

Meine persönliche Empfehlung:

Staffelung nach Wertigkeit der Lizenzen.

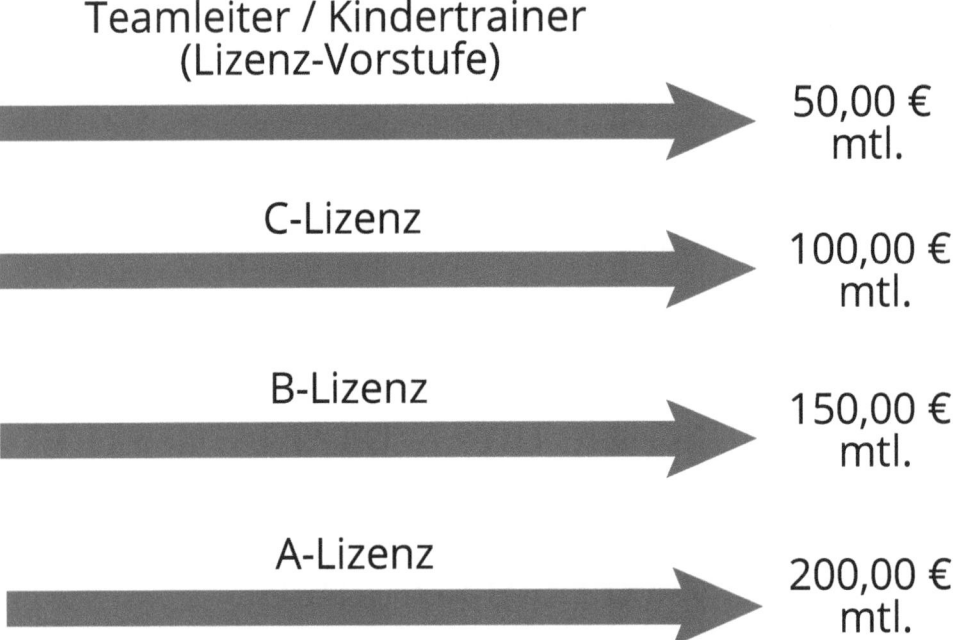

Teamleiter / Kindertrainer
(Lizenz-Vorstufe)
→ 50,00 € mtl.

C-Lizenz
→ 100,00 € mtl.

B-Lizenz
→ 150,00 € mtl.

A-Lizenz
→ 200,00 € mtl.

Zusätzlich zum Freibetrag kann bei "Bedarf" auch noch "Fahrgeld" gezahlt werden zur Trainingsstätte bzw. zu den Auswärtsspielen.

KAPITEL 7
Marketing

„Sportmarketing"
i
st die spezifische
Anwendung der Marketing-Prinzipien und -
Prozesse auf Sportprodukte und
Sportdienstleistungen im Sinne der
marktorientierten Unternehmensführung.
"Marketing-Management-Prozess"
Das Kreislaufmodell des Sport-Marketing

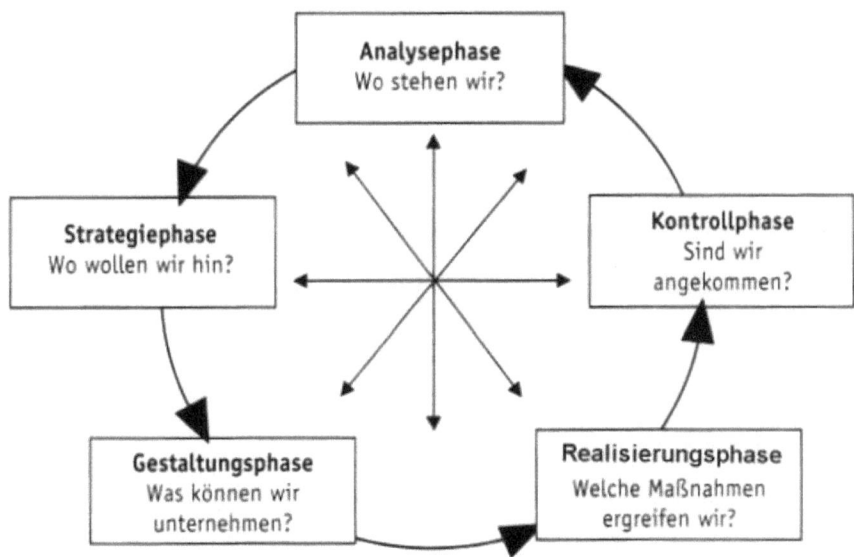

Strategisches Marketing   Operatives Marketing
(Marketing-Konzeption)   (Marketing-Implementierung)

Quelle: FREYER 2011

Das sind die 5 wichtigen Phasen im Sport-Marketing.

- Wo stehen wir ?
- Wo wollen wir hin ?
- Was können wir unternehmen ?
- Welche Maßnahmen ergreifen wir ?
- Sind wir angekommen ?

Wo stehen wir ?

Vereins – Analyse

SWOT – Analyse

Portfolio-Analyse

Vereinsinterne Situation:

- Stärken / Potenziale des Vereins
- Schwächen / Defizite des Vereins
- Außendarstellung des Vereins / Wahrnehmung in der Öffentlichkeit

Weitere mögliche Analysen:

- Umfeldanalyse
- Bevölkerungsentwicklung (demografischer Wandel)
- Technischer Wandel
- Arbeitszeit / Schulzeit

- Marktanalyse
- Nachfrage / Konkurrenzanalyse
- (50+ = der Markt der Zukunft)

In einer sogenannten "Vereinsanalyse" werden die eigenen Stärken und Schwächen untersucht und anschließend den Chancen und Risiken des Marktes gegenübergestellt.

Die Chancen und Risiken des Marktes werden anhand einer "Umfeldanalyse", sowie einer "Marktanalyse" ermittelt.

SWOT - Analyse

IST – Zustand	Zukunft
Stärken: - - -	Chancen: - - -
Schwächen: - - -	Gefahren / Risiken: - - -

Strategische Diagnose

Wo stehen wir ? – IST Zustand
Wo wollen wir hin ? – SOLL Zustand
(Steht im Leitbild)

Stärken:	Schwächen:
ST + C: Chancen wahrnehmen, die sich aus den Stärken ergeben.	SCH + C: Schwächen beseitigen, um Chancen zu nutzen.
ST + R: Stärken anwenden, um Gefahren abzuwenden	SCH + R: Verteidigungsstrategien entwickeln, um Schwächen nicht zur Bedrohung werden zu lassen.

Bei der Definition von Zielen im Marketing-Management hilft die **SMART-Formel**.

S	• Selbstbestimmend
M	• Messbar
A	• Attraktiv
R	• Realistisch
T	• Terminiert

Selbstbestimmend:
Ziele müssen eindeutig definiert sein.

Messbar:
Ziele müssen nach Messbarkeitskriterien definiert sein.

Attraktiv:
Ziele müssen akzeptiert sein, d.h. attraktiv, anspruchsvoll, motivierend, vor allem aber auch erreichbar.

Realistisch:
Ziele müssen grundsätzlich möglich sein.

Terminiert:
Ziele müssen mit einer klaren Terminvorgabe für die Zielerreichung formuliert werden.

Was können wir unternehmen ?

Strategie- / Marketingkonzept
(Zielformulierung mit Hilfe der SMART-Formel)

ZIELE	S	• Selbstbestimmend
„Philosophie"	M	• Messbar
STRATEGIEN	A	• Attraktiv
„Zukünftige Struktur"	R	• Realistisch
MARKETING-MIX	T	• Terminiert
„Mittel zur Umsetzung"		

Strategische Steuerung / Wettbewerbsstrategien:

- Qualitätsführerschaft
- Kostenführerschaft
- Imageführerschaft

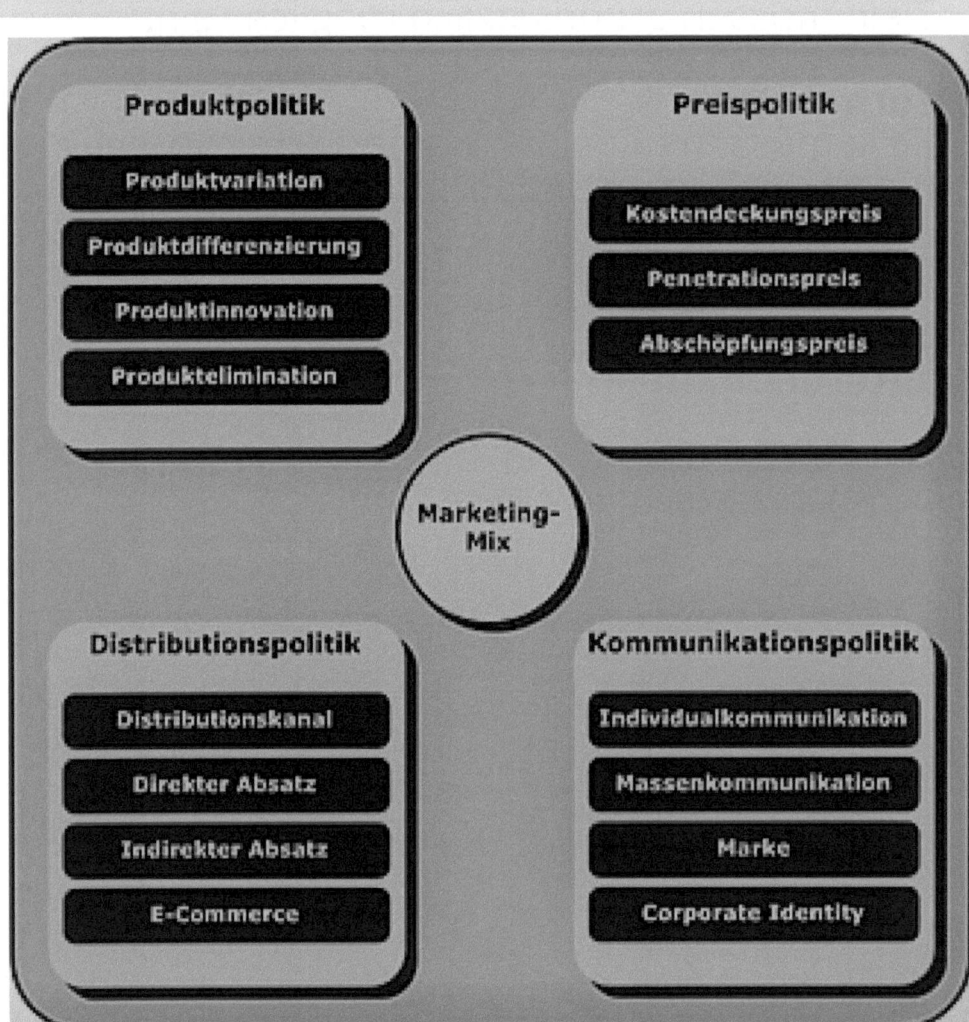

Produktpolitik
- Produktvariation
- Produktdifferenzierung
- Produktinnovation
- Produktelimination

Preispolitik
- Kostendeckungspreis
- Penetrationspreis
- Abschöpfungspreis

Marketing-Mix

Distributionspolitik
- Distributionskanal
- Direkter Absatz
- Indirekter Absatz
- E-Commerce

Kommunikationspolitik
- Individualkommunikation
- Massenkommunikation
- Marke
- Corporate Identity

Welche
Maßnahmen
ergreifen wir ?

Marketingziele und
Marketingstrategie

Operatives Marketing

Verkaufsförderung

Messen

Werbung

Pers. Verkauf

Mitarbeiter-
kommunikation

Unternehmens-
kommunikation

Public Relations

Direct Marketing

Sponsoring

Branding

Product Placement

Event Marketing

Corporate Identity

Realisierungsphase

Personalplan erstellen

Budgetplanung

Organisations- / Zeitplan

Sind wir angekommen ?

Kontrollphase

Endkontrolle	• Zielsetzungen und Strategien erreicht am neuen Ist-Zustand
Parallelkontrolle	• Ablauf- und Fortschrittskontrolle • Termine / Zwischenschritte eingehalten ?
Grad der Zielerreichung	• Zielabweichungen = Ursachenermittlung • Analyse falsch, Ziele zu hoch, falsche Maßnahmen, Fehler in der Realisierung ...

HILFE !!! Wer soll das verstehen ?
Wie soll ich das jemals umsetzen ?

Keine Panik !

Der "Marketing-Management-Prozess" hört sich schlimmer an als es in Wirklichkeit ist.

Nehmen wir mal einen **"Klassiker"** aus dem Bereich der Sportvereine:

"Wir möchten eine gut aufgestellte, breite Jugendabteilung in unserem Verein!"

Nun wenden wir wie oben "gelernt" den Marketing-Management-Prozess an:

- **Wo stehen wir ?**
Aktuell haben wir zwei Mannschaften.

- **Wo wollen wir hin ?**
Wir möchten in allen Altersklassen vertreten sein.

- W**as können wir unternehmen ?**
Mitgliedergewinnung

- **Welche Maßnahmen ergreifen wir ?**
Werbung, Events

- **Sind wir angekommen ?**
Jetzt haben wir fünf Mannschaften

Zudem stand da noch etwas von einer Formel, wir sollen unsere Ziele SMART formulieren:

Unser Ziel:
"Wir möchten eine gut aufgestellte, breite Jugendabteilung in unserem Verein!"

Selbstbestimmend:

Messbar:

Attraktiv:

Realistisch:

Terminiert:

Neuer IST-Stand: Jetzt haben wir fünf Mannschaften. Aber was war unser Ziel ? Das wurde nicht wirklich messbar gestaltet und auch nicht terminiert. Wir haben teilweise das M und komplett das T von SMART vergessen.

Verbesserungsvorschlag:
Wir möchten eine gut aufgestellte, breite Jugendabteilung in unserem Verein!

In1 Jahr sollen es 5 Mannschaften sein.
In 2 Jahren sollen es 7 Mannschaften sein.
In 3 Jahren sollen es 10 Mannschaften sein.

Wenn Euch das Thema trotzdem zu komplex oder zu zeitaufwendig sein sollte, haben wir als Alternative ein entsprechendes Angebot:

Unser
Angebot

Die VEREINS-ANALYSE von:

MP
VEREINSSERVICE
MANUELA PANZLAFF

für nur
einmalig
29,90 €

Unsere Leistungen:

-Vereinsanalyse

-SWOT-Analyse

-Portfolio-Analyse

-Umfeld-Analyse

-Markt-Analyse

Schicken Sie uns
eine E-Mail an:

info@erfolgreiche-
vereinsfuehrung.de

Wir setzen uns umgehend mit Ihnen in
Verbindung und leiten alles weitere
gemeinsam in die Wege ...

Marketingkanäle in Sportvereinen

OFFLINE-MARKETING

Kalt-Aquise

Empfehlung

Kooperation

Print-Werbung

Externes Event

Eigenes Event

Marketingkanäle in Sportvereinen

ONLINE-MARKETING

Newsletter

Online-Webinar

Homepage

Social-Media

E-Mail Marketing

Eigenes Event

Homepage & Social-Media Marketing

Eine professionelle, top gepflegte **Homepage** ist die "Visitenkarte" eines jeden Vereins und ist enorm wichtig !

Aber mindestens genauso wichtig ist heute das Social-Media Marketing aufgrund seiner enormen Reichweite:

Hier mal eine Übersicht der Nutzer alleine in Deutschland:

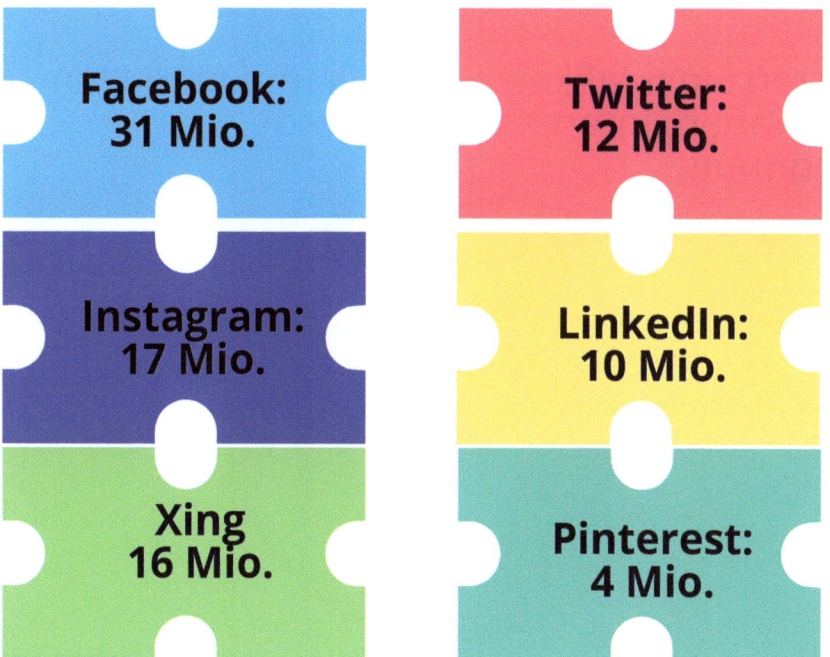

Facebook: 31 Mio.

Twitter: 12 Mio.

Instagram: 17 Mio.

LinkedIn: 10 Mio.

Xing 16 Mio.

Pinterest: 4 Mio.

Sie erreichen alleine in Deutschland über die oben aufgeführten Social-Media Kanäle 90 Millionen Personen (in allen Altersklassen).

Das ist nicht nur wichtig um von potentiellen neuen Mitgliedern gefunden zu werden, sondern beispielsweise auch für die potentiellen Sponsoren des Vereins.

Oder aber für die Kooperationspartner.

Diese enorme "Reichweite" bringt ihrem Verein eine Menge an "Vorteilen".

Erzeugen Sie reichlich Traffic und Aufmerksamkeit indem Sie 4- bis 12- mal die Woche auf allen Kanälen "posten"

Nutzen Sie Grafiken + Emojis und erzeugen Emotionen, Interesse, Neugierde, Spannung.

Sie möchten gerne die aufgeführten Punkte umsetzen, sind sich aber nicht sicher oder haben einfach keine Zeit um einen solchen Aufwand zu betreiben:

Dann haben wir auch hierfür die passende Lösung für Ihren Verein:

Unser Angebot

Homepage für Vereine

nur
99,90
90% RABATT!

DIE HOMEPAGE-FLAT FÜR DEINEN VEREIN !!!

Wir bieten Ihnen die Komplett-Lösung für Ihre Vereins-Homepage im Wert von 999,00 € zum absoluten Sonderpreis von einmalig 99,90 € (=90% Rabatt).

 **Erstellung**
einmalig 99,90 €
Unbegrenzte Leistungen

 **Marketing**
Kostenlos inklusive

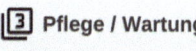 **Pflege / Wartung**
mtl. 9,99 €
Wartung + Pflege inklusive

LASS UNS JETZT BEGINNEN!

Wir freuen uns schon auch deinen Verein mit einer neuen, modernen Homepage ausstatten zu dürfen. Schicke uns deine Wünsche per E-Mail oder bestelle einfach Online in unserem Web-Shop.

info@erfolgreiche-vereinsfuehrung.de   www.erfolgreiche-vereinsfuehrung.de

Leistungen:

Anzahl Seiten: **unbegrenzt**
Anzahl Menüpunkte: **unbegrenzt**
Speicherplatz: **unbegrenzt**
Anzahl E-Mail Adressen: **unbegrenzt**
Link zu Sozialen Netzwerken: **unbegrenzt**
PHP, MySQL **inklusive**
Video- und Audio Einbindung **inklusive**
Komplett Werbefrei: Ja

Responsive Design
Eigene Domain
Website-Überwachung
Google-Analytis
SSL-Zertifikat
SEO-Optimierung
Rechtssicheres Impressum
Rechtssicherer Datenschutz
Routenplaner
Benutzerverwaltung
Bildergallerien
Kontaktformulare
Social-Media Integration
fussball.de Intergration
Online-Shop

Einrichtungsgebühr: (einmalig): UVP: 999,- €
90% Rabatt = Sonderpreis: (einmalig) 99,90 €

Wartung, Pflege: (mtl.): UVP: 99,90 €
90% Rabatt = Sonderpreis: (mtl.) 9,99 €

Social Media für Vereine

Leistungen:

Erstellung der Top-7 Social-Media Kanälen
täglich 1x Post auf allen 7 Social-Media Kanälen
Klick-Tracking zur Analyse, Optimierung etc.

Social Media Flat: (mtl.): UVP: 199,00 €
80% Rabatt = Sonderpreis: (mtl.) 39,90 €

Buchung:

Besuchen Sie unsere Homepage:

www.erfolgreiche-vereinsfuehrung.de

Schlusswort:

Wir bedanken uns für Ihre Aufmerksamkeit und freuen uns wenn Sie in diesem kurzen "Leitfaden" das ein oder andere für Ihren Verein mitgenommen haben und vor allem auch in der Zukunft erfolgreich umsetzen.

Sicherlich gibt es keine Patent-Lösung, weil jeder Verein individuell zu betrachten ist, aber in der Hauptsache ist jeder Verein im Grunde nichts anderes als ein kleines "Unternehmen".

Wenn Sie Fragen haben sollten können Sie uns gerne jederzeit kostenlos und unverbindlich kontaktieren, wir helfen Ihnen und Ihrem Verein gerne weiter.

Anhang:

Teamsport:

Wir als Service-Partner der Vereine haben natürlich auch entsprechende Teamsport-Angebote im Portfolio.

Diese finden Sie auf unserer Homepage www.erfolgreiche-vereinsfuehrung.de

STANNO - Teamsport - Shop
GECO - Sportswear - Shop

Schauen Sie mal vorbei, wir haben extra für Sie besonders knapp "kalkuliert"

Im GECO-Shop gibt es aktuell als Aktion z.B. 60% Rabatt auf das gesamte Sortiment !

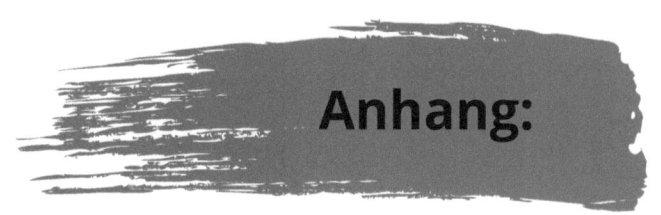

Anhang:

Trikot-Sponsoring

Aktuell haben wir zur Unterstützung der Vereine eine **"Trikot-Sponsoring"** Aktion ins Leben gerufen:

10x Trikot
10x Short
10x Stutzen

inklusive:
10x Rückennummer
10x IHR Vereinsname
10x IHR Vereinslogo
10x Werbung "MP"

**nur
299,00 €**

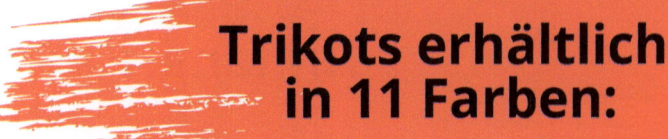

Trikots erhältlich in 11 Farben:

Shorts erhältlich in 6 Farben:

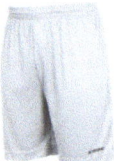

verfügbare Größen:

| 128 | 140 | 152 | 164 |

| S | M | L | XL | XXL |

MP
VEREINSSERVICE

www.erfolgreiche-
vereinsfuehrung.de